L'EXCELLENCE
du mot de Clerc.

NOBLESSE ET ANTI-QVITÉ DES CLERCS.

LEVR PREMIERE
institution, leurs faits heroiques, les priuileges à eux concedez par les Rois, confirmez par infinis Arrests, leurs status & Ordonnances Royaux.

Le tout prouué par l'escriture, & par les plus celebres Autheurs.

Ou se remarque aussi l'Origine des Aduocats & Procureurs.

Dedié à Monseigneur le premier President.

Par le Sieur GASTIER.

A PARIS,

Chez NICOLAS BESSIN, au Palais, en la gallerie des Merciers, sous la montée de la Cour des Aides.

M. DC. XXXI.

Auec Priuilege du Roy.

A

MESSIRE NICOLAS

le Iay, Cheualier, Seigneur de Tilly la maison Rouge, S. Fargeau, & Villiers, Conseiller du Roy en ses conseils d'Estat & priué, & premier President en sa Cour de Parlement de Paris.

ONSEIGNEVR,

Puisque le Ciel a fait naistre à nostre Monarque, l'enuie de

ã ij

EPISTRE.

vous veoir son premier President,
vous ayant, à ce dessein faict present
de l'espee & des balances, auec lesquelles s'exerce la Iustice dans son
Royaume, & principalement en son
Parlement de Paris, duquel tous les
autres prennent Loy, cela me fait
dire, que vous estes à present parmy
vous, ce qu'estoit en son temps ce glo-
rieux Euesque, duquel vous portez
le nom, & que l'on a tousiours reue-
ré, comme protecteur des Clercs, &
principal soustien du Trosne de la Iustice: ce qui m'a aussi dōné la hardiesse
de vous desdier ce petit discours, m'asseurant sur l'imagination que la pen-
see à fait conceuoir à mon esprit, que
vous l'auriez pour agreable, puisque comme le premier chef de cet Au-
guste Senat: il estoit necessaire que le
public aprist de quelle façon ont pris

estre, & comme ont vescu & vi-
uent encore maintenant vos subiets,
& notamment ceux qui portent le
tiltre de Clerc, dont le bon-heur de-
pendãt absolument de vous, leur fait
esperer de vostre bien veillance, la
preuue d'affection qu'elle leur a tousiours tesmoignee, aux occasions où il
a esté question de faire veoir que vous
estiez leur protecteur : ainsi que de
tout temps ont este vos predecesseurs,
qui ont sans cesse maintenu leurs officiers & supposts dans les priuileges
que nos Monarques leurs ont concedez : ainsi que la renommee pu-
blie que vous ferez encore, à l'imita-
tion d'iceux qui vous ont precedé en
ceste sublime charge, ausquels ie
souhaitte le repos Eternel : & à vous
tout le bon-heur que peut desirer vne
personne de vostre merite & condi-

tion, & de qui i'espere, auec le temps
faire admirer la vertu aux quatre
coins de l'Vniuers, pour donner tesmoignage du dessein que ie fais de
mourir

MONSEIGNEVR

Vostre tres-humble & affe-
ctionné seruiteur.

R. GASTIER.

Aux Lecteurs.

A seule consideration des persõnes de merite qui portent le nom de Clerc, & non pas celle de ceux qui dans leur condition assez noble, la veulent encore releuer de moustaches, de bottes & d'habits, plus propres à des fanfarons, qu'a ceux qui font profession de la plume, m'a fait mettre ce petit discours au iour, qui estoit destiné à ne le veoir de long temps, ma vacation & mes affaires ne me permettant pas la perte du temps & le soin qu'il faut donner à l'impression d'vn liure: mais ayant sceu depuis peu que quelques personnes blasmoient la qualité de Clerc, & que mesme des esprits mal sains, qui en font honorez la desaduouoyent aux compagnies, ou l'on s'enquestoit de leur exercice, s'imaginant qu'elle est trop basse pour leurs courages portez

des aisles de l'ambition , mes mouue-
mens se sont trouuez forcez par des de-
sirs extraordinaires de produire cét en-
fant au monde, pour reprimer l'audace
de ces petits Ixions, & tascher d'esbran-
ler la baze de leur vanité , pour les faire
tomber dans la recognoissance d'eux
mesmes, leur faisant aduoüer, que la
condition des Clercs est la plus souäble
de toutes celles que l'on peut donner à
la ieunesse, puisque sous ce tiltre, la Noblesse y est comprise, comme ils pourront veoir dans ce discours, s'ils prennent la peine de le lire, c'est à quoy leur
bon Genie les inuite par ma bouche, y
ayant du profit pour eux, & du conten-
tement pour les principaux officiers de
la Iustice, qui recognoistront en icey
ma bonne volonté.

ADVERTISSEMENT.

ECTEVR voicy vne
fantaisie de huict iours
non compris les heu-
res du repos, des repas,
& de mon trauail ordinaire, que
ie te donne, si tu prends la peine
de la veoir tu y trouuerras sans
doubte quelque chose que tu ne
sçauois pas, bien qu'il n'y aye rien
de nouueau, mais beaucoup de
choses sont vieilles à ceux qui les
sçauent, & nouuelles à ceux qui
n'en ont iamais ouy parler, & s'il
n'y a rien qui te plaise n'en blas-
me pas l'Autheur: mais ceux qui
l'ont contrainct de la faire mettre soubs la presse, t'asseurant que
ie ne l'eusse iamais fait, si des es-

prits plus releuez en capacité que
le mien n'euſſent pris la peine de
paſſer la veuë par deſſus, & me
donner aſſeurance que ce petit
diſcours ſeroit bien receu, en face
ſon proffit qui pourra, ie n'eſpere
point d'honneur d'vn ſi petit ou-
urage. Si iamais ie me meſle d'eſ-
crire, ie choiſiray quelque ſubiet
autant digne des applaudiſſemens
que celuy de ta bienueillance.

Au ſurplus ie t'aduertis d'vne cho
ſe qui n'eſt pas de peu d'importáce
C'eſt que beaucoup de perſonnes
s'eſtóneront de la cóparaiſon que
i'ay faite des Clercs Eccleſiaſtiques
auec ceux de la Iuſtice : mais il faut
qu'ils conſiderent que pour prouuer l'excellence & l'antiquité du
mot de Clerc, il eſtoit impoſſible
de ſe ſeruir d'autres perſonnes, &
de meilleurs autheurs que ceux

dont ie me suis seruy en ceste occasion, ioint que tu n'ignore pas,
que pour rendre vn œuure par-
faict, & s'accómoder aux mœurs
du temps, il faudroit auoir autant
de bonnes raisons qu'il se trouue
de sentiment diuers dans le món-
de. Et si i'eusse communiqué ce
petit traitté à beaucoup de personnes, ie t'asseure qu'il n'y fut à
la fin rien resté du mien, par la có-
trarieté des esprits qui se rencon-
trent dans ce siecle: ce qui m'a fait
resoudre à le donner au public, en
l'estat que tu le voids.

L OVIS PAR LA GRACE
de Dieu, Roy de France & de
Nauarre: A noſtre preuoſt de Paris & autres nos Iuges & officiers
ou leurs Lieutenans: ſalut, de la
partie de Nicolas Beſſin, marchád
Libraire & Imprimeur en noſtre
dite ville de Paris, nous a eſté ex-
poſé, que depuis peu de iours, il
auroit recouuert, non ſans frais &
labeur, vn liure intitulé, *l'Excellence du mot de Clerc, Nobleſſe &*
antiquité des Clercs, lequel il deſi-
reroit faire imprimer : Mais d'autant qu'il doubte qu'autres que
luy ſe vouluſſent ingerer de l'imprimer, le fruſtrant par ce moyen
de ſeſdits frais & labeurs : C'eſt
pourquoy il nous a requis luy

vouloir sur ce pouruoir de nos
lettres à ce conuenables.   A ces
causes, desirans fauorablement
traitter ledit exposant : Nous luy
auons permis & permettrós d'imprimer ou faire imprimer ledit liure, iceluy exposer en vente, faisant deffences à tous autres Im-
primeurs & Libraires de l'imprimer ou faire imprimer iusques au
temps & espace de six ans pro-
chains, à compter du iour & dat-
te que l'impression dudit liure
sera acheué, ny en exposer en vente autres que ceux qui auront esté
imprimez par ledit suppliant ou
de son consentement, à peine de
confiscation de tous les exemplai-
res, de trois cens liures d'amende, & de tous despens dommages
& interests.   Si vous mandons, &
chacun de vous commettrons par

ẽ iij

ces presentes, q̃ue de nostre pre-
sét Priuilege, vous fassiez & sou-
friez iouïr & vser, plainement &
paisiblement iceluy exposant, faisant cesser tous troubles & em-
peschemens à ce contraires: car tel
est nostre plaisir.   Donné à Paris le dixhuictiesme iour de Ian-
uier l'an de grace mil six cens tréto
vn, & de nostre Regne le vingt-
vniesme,   par le Conseil,
  FAVVET.

L'EXCELLENCE
DV MOT DE CLERC.

Nobleſſe & antiquité des Clercs.

A GLOIRE depend de l'action (dict Senecque:) car ſi iamais les hómes n'auoient faict de bonnes actions, iamais la gloire n'auroit tenu le rág qu'elle poſſede parmy eux, ny n'auroit pas acquis le bruit & le renom qu'elle a ce iourd'huy dans le monde. Ce fut pourquoy à ce ſubiect vn certain Theologien faiſant ſa harangue à vn Roy dē France, qui faiſoit ſon entree dans ſa ville de Paris, luy dit, que ſes actions ne le faiſoient iamais marcher ſans la Vertu, la Vertu ſans la Gloire, la Gloire ſans le Triomphe, & le Triomphe ſans la Rénommee. Ce qui ſe trouuera cófirmé par la bouche detous

les bons Autheurs qui ont curieusemét
recherché la source des sciences , pour
mettre la vertu en lumiere & nous faire
Conceuoir le desir de la suiure , comme
estant la seule & seure guide que in fail-
liblement meine & conduit l'homme
à la perfection , le faict cognoistre le
fait admirer & luy faict acquerir des
qualitez & tiltres d'honneur & d'excellence.

Or entre les tiltres & qualitez existã-
tes & procedantes des vertus , celle de
Clerc doibt estre des premieres si l'on
considere l'energie du mot de Clerc, sa
consequence , son emphase , sa significa-
tion, & son antiquité , ou que l'on regarde les vertus , perfections , sciences,
& experiences , enueloppees dans ce tiltre qui n'a iamais esté donné qu'a trois
sortes de personnes sçauoir à ceux qui
ont eu la charge du seruice & admini-
stration des choses seruant au culte diuin , ceux qui ont administré les sciences & la iustice, & à ceux qui par leur fi-
dellité soing & vigillance ont contribué
au concours & progrez des obserua-
tions necessaires pour obtenir la iustice,
comme estant ceste qualité de Clerc

donnee pour marque & tesmoignage de pieté, de fidelité, ou de Iustice: c'est pourquoy ie diuiseray ce petit traitté en trois parties.

En la premiere, ie traitteray des premiers qui ont esté qualifiez Clercs, à cause de leur pieté & deuotion en l'exercice du seruice diuin.

En la seconde, de ceux qui ont esté appellez Clercs à cause de leur doctrine & science.

Et en la troisiesme de ceux qui se sont acquis ce beau tiltre par leurs bons & fidels seruices, peines & labeurs.

C'est donc pourquoy i'ay recherché curieusement vne partie de ce qui concerne l'excellence, antiquité & noblesse du nom de Clerc: auec les noms & qualitez des personnes, qui les premiers ont porté cette belle Epithete, pour en faire ce petit discours, & faire veoir que l'energie de ce mot, comprend auec soy toutes les sciences. Et que tous les grãds personnages de l'Antiquité, que la memoire faict reuiure parmy nous, ont auec raison, tenu à faueur & gratificatiõ extreme, quand dans les escripts faits à leur loüange, on les appelloit grands

Clercs, attendu que c'estoit vn tesmoignage de leur sçauoir.

La Diuinité & les choses sacrees, doiuent estre preferees à toutes autres (dit sainct Augustin) elles doiuent tenir le premier lieu en toutes les œuures, à quoy nostre esprit s'employé afin qu'elles les conduisent à vne heureuse fin. Ie veux donc ensuiure la methode de ce grãd Docteur de l'Eglise, & pour commancer cét Eloge, ie traitteray de l'excellence du nom de Clerc, nom qui a tellement esté agreable en la bouche de tous les grands esprits des siecles passez, que leurs escrits en sont tous remplis, & semble qu'il n'y aye que la saincte Escriture seule qui n'aye pas vsé de ce mot de Clerc: mais si nous voulons croire (comme il le faut necessairement) au Concile d'Ephese, tenu sous Celestin Pape premier du nom , & Valentinian troisiesme Empereur, confirmé par tous les autres Conciles, & notamment par celuy de Trente , receu parmy nous: nous trouuerons en son treziesme Canon, que la dignité de scribe & lecteur: dont est fait mention par toute la Bible, & principalement en tous les liures d'E-

fdras à esté interpretee pour Clerc, &
mesmes par les septante deux interpre-
tes tous vnanimemét: ce qui est approu-
ué de tous les Peres de l'Eglise, Docteurs, Prophetes & Philosophes.

Ie trouue par la bouche de l'Escriture, qu'Esdras a esté le premier honoré
de ce beau titre de Lecteur ou Clerc, en
vne commission que luy enuoya Arta-
xerxes: portant commandement aux
Iuifs, Préstres & Leuites, de le suiure
en Hierusalem, lequel nom de Lecteur
à esté côtinué de temps en temps, à tous
ceux dont la science les a faict paruenir
à quelque dignité Sacerdotale, & iusques à ce que le mot de Clerc soit venu
en vsage, qui a esté enuiron trois cés ans
apres Iesus Christ.

Les Clercs sont ceux qui, comme dit
Tertulien, offrent sacrifice à Dieu, & qui
ont soin des choses diuines & de la Re-
ligion, & nul ne peut tenir benefice
qu'auparauant la science ne luy aye con-
cedé le nom de Clerc: tellement que
sainct Pierre est celui qui, comme chef
de l'Eglise à le premier porté le nom de
Clerc, puis qu'il ne pouuoi, paruenir à
la dignité de Pape, sans auoir ceste qua-

A iij

Esdras le prem. lecteur ou clerc en son 3 liu de la Bible ch. 2

Tertulien.

lité, & depuis tous les autres Papes qui l'ont fuiui, les Cardinaux, Primats, Metropolitains, Archeuefques, Euefques, Archidiacres, Archipreftres, Curez, Vicaires, Preftres, Diacres, fous-diacres, Chanoines, Semprebendez, Chappelains, Cheualiers de Malte, & du fainct Sepulchre & autres Ecclefiaftiques, ont tous porté le nom de Clerc, autrement ils ne feuffent iamais paruenus à ces facrees dignitez.

Eufebe de Cefaree en fon hiftoire, parle de certains lecteurs, qui depuis ont efté appellez Clercs.

Socrate pareillement en fon hiftoire liure 6. chapitre trois, fait mention d'vn certain Iean, Contemporain & Contubernal de fainct Bafille, lequel fut eftably lecteur de l'Eglife d'Antioche par l'Euefque Zenon, & en fon liure fept chap. xl. il dict que Proclus fut faict lecteur ou Clerc en bas aage.

Theodoret parlant en fon hiftoire, de fainct Iean Chrifoftome, il recite cóme il ordonna plufieurs Lecteurs ou Clercs en diuers lieux.

Et Ifidore de Seuille raporte, comme l'ordre des Lecteurs ou Clercs à pris

son commencement des Prophetes, attendu qu'ils illuminoient l'entendemêt
par la lecture des Propheties : comme
pareillement le recite sainct Thomas,
sainct Ephrem, les Empereurs, Valenti-
nien, Valens, & Gratian au Code de
Iustinian, Sozomene, sainct Ciprien, &
mesmes les Conciles d'Antioche, & celui conté quatriesme tenu à Cartage
l'an 395.

De sorte qu'apres toutes ces preuues
si euidentes, & que ie confirmerois de
tous les autheurs, si ie voulois m'esten-
dre dauantage sur ce subiet. Il ne faut
point doubter que le nom de Clec ou
Lecteur ne soit tout diuin, puisque les
peres de l'Eglise & les Conciles en de-
meurent d'accord, & ont interpreté le
mot de Lecteur pour Clerc, ainsi que
ie l'ay fait voir cy dessus au Concile
d'Ephese: & outre encore celuy Oecu-
menique assemblé à Nice, dit que la
premiere dignité que possede l'Ecclesia-
stique est celle de Clerc, apres laquelle
marchent tous les autres, iusques à l'ordre de Prestrise.

Ie conclueray donc par les paroles
que l'Apostre sainct Paul escrit à Timo-

Sozomene
li. 4. ch. 2.
S. Ciprien
Epist. 15.
3. Concile
de Cartage
de l'an 395.

S. Paul à
Timothee.

thee, où il dit en ces termes, il faut infe-
rer necessairement, que tous les noms,
charges, fonctions & administrations
de l'Eglise sont toutes diuines, & tous
les ordres Sacrez, leurs exercices consi-
stans en choses sainctes & sacrees. Ce
qui est confirmé par sainct Cyrille &
Origene en ses Homelies, & ie croy que
personne ne le voudra nier, lors que
l'on considerera des yeux de l'esprit,
que tout ce qui sert à Dieu est sainct &
sacré, saincte est la maison d'Oraison,
saincte le Temple de Dieu, saincte la pa-
role du Seigneur, saincte est sa puissance, & bref est sainct tout ce qui depend
des mysteres de l'Eglise Romaine, ce
que presuposé, il est facile à iuger que
telles charges ne peuuent estre exercees
comme elles meritent sans grace spe-
ciale, & par des personnes qui soiét tou-
chees de la diuinité.

Apres quoy il faut tenir pour assuré,
que de tous les noms gratuittement
donnez aux Ecclesiastiques par le sainct
Esprit: il n'y en a poinct de plus admi-
rable que celuy de Clerc, puis qu'il tient
quelque chose de son essence, suiuant
sainct Thomas qui dict que le Clerc
illu-

illumine l'entendement.

Or il semble, comme il est veritable, que de toutes les epitettes dont on peut gratiffier les Ecclesiastiques, celle de Clerc l'emporte priuatiuement à toutes autres : dont on les voudroit honnorer, comme ayant beaucoup plus d'energie d'amphase & de grace que tout le reste des epitettes ensemble.

Premierement on void que le Clergé en tire son origine, qui fut au temps du premier establissement de l'Eglize sous Constantin le Grand, Empereur de l'Orien & de l'Ocident : ainsi qu'il est raporté par Eusebe & Nicphore, Clérgé qui a tousiours esté composé des esprits les mieux censez, & des personnes les plus releuees des Royaumes, ou il a esté estably, & lors que quelques Autheurs ont parlé de ceux qui composoient vn Clergé, il ne les ont point nommez autrement que Clercs : comme nous voyons au Code Leo & Anthemius Augustes en la 31. loy, ou il est traicté des priuileges du Clergé en ces termes de *Espicopis & Clericis.* Et en beaucoup d'endroits il ne les appelle point autrement que Clercs, ainsi qu'on faict

Eusebe liu. 10 ch. 7. Niceph. li. 7 chn. 42.

Code Leo & Anthemius Augustes en la loy 31.

tous ceux qui ont traitté des histoires
Ecclesiastiques.

Secondement le mot de clericature
tire aussi son premier fondement du
mot de Clerc : mais la clericature ne
s'entend pas seulement pour ce qui est
des charges de l'Eglise, mais aussi pour
les offices polictiques qui concernent la
Iustice & a quoy ie m'arreste, comme
Presidens, Conseillers, Aduocats,
Procureurs, Greffiers, & Clercs, ausquelles charges on ne pouruoy que de
personnes capables, & dont la science
aye paru en quelques signalees occasions.

Si ie voulois rapporter tous les autheurs qui ont traité de ce sujet, i'aurois
assez de matiere pour faire autant de
vollumes qu'il s'en trouue de l'Histoire
Romaine, mais pour n'estre point en-
nuyeux & mon dessein n'estant que de
prouuer simplement l'excellence du nõ
de Clerc, ie croy m'en estre essez acquit-
té par le recit que i'ay faict cy-dessus,
ayant seulement choisi les plus approuuez Orateurs & Philosophes dont les
paroles ont tousiours passé pour preuue tres-certaine, pour apuyer le fonde-

ment de mon difcours, c'eſt dont pourquoy ie ne m'y arreſteray pas dauantage, & paſſeray outre à l'antiquité du
nom de Clerc.

L'Antiquité des Clercs.

SI L'antiquité eſt vne marque hon-
norable aux perſonnes Illuſtres cóme nous en donnent les teſmoignages,
ceux qui tous les iours font rechercher
curieuſement dans les monuements des
ſiecles paſſez, les noms qualitez & faicts
de leurs predeceſſeurs, pour tirer gloire
de la grandeur & ancienneté de leurs
maiſons, il faut croire que dans le monde les Clercs ſont ceux qui peuuent dire
ſans vanité, au deſſus de tous ceux
qui pourroient ... ter l'antiquité de
leur nom, puis qu'il eſt vray que leur
origine a pris eſtre d'vne perſonne la
plus Religieuſe la plus noble & la plus
antique de l'vniuers.

Encore que l'antiquité des Clercs ſoit
aſſez amplement iuſtifiee en la perſonne
d'Eſdras lequel a porté premier, le tiltre
de lecteur ou Clerc, ſuiuant l'interpreta-

tion des concilles, comme ie l'ay faict
veoir, si est-ce que mon dessein n'est pas
de m'y arrester tout a faict, mais ie veux
tirer leur origine de bien plus loing, &
faire veoir que ce mot de Clerc est plus
antien que le monde, ou du moins que
la quattiesme personne qui a habité la
terre estoit appellé de la sorte, & a tousiours esté tenu pour tel, par tous les
peres orateurs & prophetes.

Il faut que chacun demeure d'accord,
que la clairté ou clarté à esté faite deuant le monde, (par la toute puissance
de Dieu.) Et que la difference de clair
à Clerc n'a esté inuentee que pour faire
la distinction, de la clairté du iour auec
ceux qui portoient le nom de Clerc,
d'autant , que quand on parloit d'vn
Clerc l'on estoit en doubte si l'on vouloit parler du iour ou d'vne creature,
de sorte que les plus approuuez philosophes & grands personnages antiens,
trouuerent fort a propos de faire ceste
distinction.

Il y a vne grande correspondance de
Clerc a clairté, & l'alusion n'en peut
estre blasmee par des esprits bien cecez.
S'ils considerent les paroles de sainct

T'homas & de S. Gregoire de Nazian-
ze qui difent que (les lecteurs ou Clercs
illuminent l'entendement des hommes,
auffi bien que la lumiere, qui nous ef-
claire) eftant certain qu'alors que Dieu
crea le iour il auoit le mot de Clerc dans
la penfee : puis que c'eft luy qui a donné les epitettes a toutes chofes, & qui en
à efté le premier inuenteur. Et en effect
les paroles de ces grands docteurs fe
trouuerønt veritables, fi on regarde
que les Clercs de l'Eglife illuminent les
efprits par le recit des propheties, & les
Clercs de la iuftice par l'ordre de leur
procedure & par la lecture de leurs ef-
criptures.

Si bien que ie puis dire auec le Grec,
que l'origine du mot de Clerc vient de
la clarté & que fon etimologie eft plus
antienne que le monde, puis qu'il n'y
auoit encore perfonne fur la terre lors
que Dieu crea la lumiere apres la diui-
fion du cahos.

Mais à fin de contanter chacun, &
mettre en apetit ceux qui ne trouueroiét
pas les raifons cy deffus bonnes, i'en ay
faict encore vne recherche plus particuliere qu'ils trouueront peut eftre plus à

S. T'homas
S Gregoire
de Nazian-
fe.

leur gouſt,

Tertulien m'en fournit d'vne tres pertinente lors qu'il diſt que le Clerc eſt
celuy qui offre ſacrifice a Dieu comme
ie l'ay diſt cy d'euant. Et ie penſe qu'elle
ne reçoit non plus de difficulté que les
paroles de la Bible qui nous apprennent,
qu'Abel fils d'Adam quatrieſme perſonne de la terre a eſté celuy qui a faiſt le
premier office de Clerc, offrant ſacrifice
à Dieu.

Or ſi tous ceux qui ont faiſt & font
ſacrifice a Dieu ont eſté nommez Clercs
ſuiuant ce que diſt Tertuliē & Nicepho-

re, il eſt ſans doubte que le mot de Clerc
eſt auſſi antien qu'Abel.

D'auantage pour oſter le ſoubçon à
ceux qui doubteroient que le mot de
leſteur, tant de fois repetté dans l'eſcri-
ture, n'euſt eſté interpreté pour Clerc,
& qui me pourroient dire que ce mot de
Clerc n'eſt pas ſi antien que ie le veux
faire croire, n'adiouſtant point de foy
aux paroles de l'Egliſe ny aux Conciles, bien que tel doubte tire auec ſoy
vne marque d'hereſie, toutesfois pour
leur complaire entierement ie ne leur
allegueray qu'vne ſeule raiſon aſſez re-

marquable, qui eſt, que tous les Autheurs prophanes, deſquels ils ſe voudroient ſeruir, n'ont iamais parlé de perſonnes Eccleſiaſtiques, qu'ils ne les
ayent nommez Clercs : ainſi meſme
qu'a faict Caluin en ſa Doctrine, & du
Moulin en ſon Bouclier de la Foy, quoy
qu'eſloignez de l'Egliſe, & autheurs ſãs
approbation.

Reſte donc à veoir maintenant, en
quel temps à peu pres le mot de Clerc
eſt venu en vſage parmy les hommes.

Il ſe trouue vne Epiſtre portant mã-
dement de l'Empereur Conſtantin, ad-
dreſſee au Proconſul d'Affricque Aui-
linus, il y a plus de quinze cens ans, par
laquelle il ordonne, que tous ceux qui
ſont nommez pour l'ordinaire Clercs,
ſoubs la conduitte de Cicillius ſoient to-
talement exempts de toutes charges : &
trente ans apres l'Empereur Conſtan-
tius confirma les meſmes exemptions
aux Clercs.

Et par vne autre ancienne ordonnance d'Anicette douzielme Pape, publiee
il y a plus de quatorze cens ans : Il eſt
enioint aux Clercs de donner en leur
conuerſation & forme d'habits, exem-

ple de vertu, à ceux qui ne font de leur qualité.

La mefme ordonnance ce trouue au quatriefme Concile de Cathage Canon xliiij.

De forte qu'il eft certain, que le mot de Clerc eft beaucoup plus ancien que toutes ces Epiftres & ordonnances, & par vne coniecture infaillible, il faut croire que ce mot de Clerc eftoit grandement en vfage parmy nos Antiens, & mefme auparant la venue de Iefus Chrift,

Voyons donc à prefent en quel temps la Iuftice a commencé fon regne, de quelle façon elle a efté exercee iufques à ce iourd'huy & la caufe pour laquelle il faut tant de grands efprits, ordinairement appellez Clercs pour la feruir & maintenir en fon luftre & grandeur.

Si le temps ne bleffe ma memoire, ie penfe auoir leu dans le premier liure de Diodore Sicilien chapitre huict, qu'au temps que le vice paffoit pour fimplicité, l'antienne couftume de iuger les differends qui naiffoient dans les Senats de Rome, de Lacedemone, des

Areopa-

Diodore Sicilien li.1.c.8

Areopagites d'Athenes, & des Egy-
ptiens estoit telle, que de trente ou cent
Iuges, dont ils faisoient choix, entre les
meilleurs esprits de leurs principales
villes, ils en eslisoient vn, leur President
& superieur, lequel portoit vne chaisne
d'or au col, où estoit pendu vn ioyau
de grand prix qu'ils appelloient Verité:
& lors que quelque differend ce presentoit à iuger, apres que le demandeur
auoit baillé sa demande par escrit, le
deffendeur ses deffences, & qu'ils a-
uoient esté ouys deux fois par leurs
bouches, le President tournoit son si-
gnal de Verité vers celuy qu'il estimoit
auoir meilleur droict : & apres auoir
pris l'aduis des autres Iuges, donnoit
sentence à son profit : tellement qu'en
ce cas, il n'estoit point besoin de Clercs
pour instruire les proces comme il en
faut à present, aussi les affaires n'estoiét
pas en telle quantité , & de semblable
consequence parmy ceux de leur repu-
bliques, qu'elles sont maintenant parmy
nous.

Il semble que les Chinois, les Turcs
& beaucoup d'autres nations , entre- *Belon Bau-*
dier l2. ch.1.

C

tiennent encore la mefme couftume, fi
nous adiouftons foy à ce qu'en difent
Belon en fes obferuations, & Baudier
en fes Hiftoires du Serail du grand Seigneur & du Royaume de la Chine, où
ils raportent, que quiconque veut auoir
action contte vn autre, il l'ameine au
Diuan par le poing fans qu'il l'ofe refu-
fer, & là deuant les Iuges, apres la def-
duction de leurs demandes & deffences
& iuftification de leurs contracts &
actes s'ils en ont, où finon la depofi-
tion fommaire, & verbale de deux tef-
moins, la caufe eft iugee fur le champ
fans qu'il leur foit donné vn plus long
del'ay.

Diuan lieu ou s'exerce la Iuftice en Turquie.

Ce qui s'eft auffi obferué en France
par plufieurs annees, mais non pas entierement de la forte; car, les fieurs du
Tillet & de Miraumont, Charon, en fon
Hiftoire vniuerfelle, & bref tous les
hiftoriographes de France, parlans de
l'origine des parlemens, & de la façon
que la Iuftice y eftoit admiftree au
commencement, & nottamment en celuy de Paris, qui eft le plus antien, & le
premier eftably, ils difent que nos pre-

Du Tillet, Miraumont, Charon.

miers Rois, faifoient deux ou trois fois
l'annee vne affemblee publique, en diuers lieux, ou leur maiefté fe trouuoit
en perfonne, pour decider elle mefme
les differends qui naiffoient de iour a
autre entre leurs fubjects (fur le champ
& apres les auoir ouys par leur bouche)
mais comme l'abondance des affaires
commança, à leur apporter beaucoup
de trauail, il fut aduifé que des plus grã-
des cittez & prouinces du Royaume,
l'on effiroit gens Clercs & experimen-
tez aux affaires pour iuger fouueraine-
ment, & terminer les procez des parties, ce qui auroit efté faict & continué
vne longue efpace de temps, & iufques
au Roy, Phillippes le Bel, qui par deliberation des eftats, ordonna que la
Cour de Parlement de France, demeu-
reroit fedentaire à Paris, & que les iuges y refideroiët perpetuellement comme fouueraïns diffiniteurs, de tous les
differends du Royaumé, pour le fou- *Ordonn. de*
lagement des parties qui auoient beau- *Philippes le*
coup de peine à la fuitte de la Cour. Et *Bel de 1302.*
ce par fon ordonnance, de l'an 1302.
confirmee par Louis Hutin, Philippes

C ij

le Long, Charles cinq, & de tous les autres Rois iusques à present.

Et ce remarque par ces ordonnances, que tous les grands personnages,
qui ont esté appellez Clercs : ont tousiours tenu le premier rang aux dignitez
de la iustice, comme estans estimez les
plus doctes & sçauans.

Ce fut lors que les affaires, croissans
& multiplians de plus en plus, il fut necessaire d'acroistre les officiers de la iustice. Et d'autant que beaucoup de personnes, faute de bien plaider leurs causes perdoient souuent leurs biens & leur
honneur, il fut resolu que pour les def-
fendre, on receueroit en ce Royaume,
de certains officiers, que l'on nómeroit
Aduocats, du mot latin, tels que Cassio-
dorus raporte qu'estoit Marcellus, lequel
il dict auoir esté le premier Aduocat,
suiuant les prouisions que luy en donna
Theodoric, Roy d'Italie.

Et depuis, à cause qu'il se presentoit
beaucoup d'affaires qui ne meritoient
pas l'aduis & la plaidoirie des Aduocats, comme ne dependans pas des
loix, il fut aduisé que l'on esliroit de cer-

taines perſonnes, tant pour plaider ces
cauſes legeres que pour inſtruire les
proces de ceux qui par leur malice &
negatiue deguiſoient vn faict de ſorte
qu'il ne ce pouuoit decider que par la
veuë des pieces de l'vne & l'autre des
parties, auſquelles on donneroit le nom
de Procureur: d'autant qu'ils ne pourroient occuper ſans procuration, à l'i-
mitation de Ceſar, lequel nous trou-
uons auoir donné le premier nom de
Procureur à Iunius Colon, & depuis à
Fuſcus Cornelius & autres, dont font
mention les annalles de Corneille Ta-
cite.

Mais les Procureurs eſtoient en trop
petit nombre pour pouuoir ſubuenir à
tant d'affaires, qui à tous momens leurs
tomboient entre les mains, ioint que
toutes ſortes de perſonnes n'eſtoient pas
propres à l'exercice de ceſte penible
charge, de ſorte qu'ayans demandé des
aydes à meſſieurs du Parlement, on de-
libera de leur en donner, & de faict, il
fut arreſté enuiron l'an 1330. qu'ils pren-
droient de ieunes hommes de bonnes
familles chez eux, qui ne leur ſerui-

C iij

Vlpian, Cõ-
mentaires
de Ceſar,
procuratores
Cæſaris.
Maiſtre
François &
André Scha-
tus en leur
Hiſt. d'Ita-
lie li. 6. ch. 7
Con. Taci-
tus. li. 3. ca. 1.

Annee 1330.

roient à autre chofe qu'a inftruire les
proces & inftances, dont ils feroient
chargez pour les rendre capables de
l'exercice de Procureur. Et comme on
voulut chercher quel nom on leur donneroit, on trouua que celuy de Clerc
leur eftoit conuenable plus que nul autre, puifque l'on ne le donnoit qua des
perfonnes de pieté de fcience & de me-
ritte.

　　Et à leur exemple, tous les officiers
de la Iuftice & autres exerceant charge
de clericature, & qui ont efté creez depuis, ont toufiours appellé Clercs, ceux
qu'ils ont eu fous eux.

　　Tellement qu'il eft veritable, qu'il n'y
a point de nom plus excellent ny antien
que celuy de Clerc, ny fort peu de
charges plus honorables que celles que
les Clercs poffedent dans l'adminiftra-
tion de la Iuftice: voyons donc maintenant quelle eft leur nobleffe.

La Noblesse des Clercs.

IL y a quatre marques principalles en
la Noblesse à sçauoir, la vie honora-
ble, les belles actions, la bône Iustice, &
le trauail sans profit, toutes lesquelles il
n'y a point de Clercs qui ne les posseds-
dent, encore que beaucoup soient d'e-
straction roturiere : mais comme dit
Petrarque : la Noblesse n'est ny à la
chair ny au sang : car il seroit bien difficile de distinguer le sang des vaillans
hommes d'auec celui des poltrons : il
n'y a que la vertu & l'honneur seul, qui
puissent rendre la personne noble, ce
sont eux qui leur font entreprédre cou-
rageusement de beaux desseins pour acquerir de la reputation, estant certain
que celuy qui commet de mauuaises
actions n'a nullement le cœur noble.

*Petrarch. li.
2. de Reme-
diis Dialog.
16.*

Premierement la vie des Clercs est
tres-honorable : car pendant le cours
d'icelle ils tesmoignent n'auoir d'autre
desir que celuy de tascher a acquerir par

leurs œuures la reputation d'honneſte
homme, qui eſt tout ce que le plus noble de la terre peut ſouhaiter dans le
monde pour immortaliſer ſon nom.

En ſecond lieu, leurs aĉtions ſe trouueront des plus belles qu'aucun mortel
puiſſe faire: ſi on regarde l'aſſiduité, le
ſoin & la diligence qu'ils apportent à la
pourſuitte des affaires, dont leurs maiſtres ſont chargez.

En troiſieſme lieu, la bonne iuſtice
leur eſt grandement recommandable,
l'apparence le faiſant veoir clairement,
lors qu'ils employent tout leur eſprit, &
appliquent tous leurs ſens, pour faire
paroiſtre le bon droiĉt d'vne cauſe par
la procedure qu'ils en font.

Et en quatrieſme & dernier lieu, leur
trauail eſt ſans proffit, la charité enfla-
mant leur courage, leur fait faire pour
rien ce que d'autres ne feroiĕt que pour
le lucre, leur labeur n'eſt point merce-
naire, & ie puis dire qu'il n'y a que les
liens de l'honneur & de la charité, qui
les obligent à rendre tant de bons offices à la iuſtice, qui en effeĉt ſans eux ne
pourroit eſtre exercee ny maintenuë en
ſa ſplen-

ſa ſplendeur, comme on la void auiour-
d'huy reluire deſſus ſon troſne.

De ſorte que les Clercs portans gra-
ué ſur le front ces quatre belles marques de Nobleſſe, il faut cõfeſſer qu'encore qu'ils ne ſoient de noble eſtra-
ction, que venans à embraſſer & ſe re-
ueſtir de la qualité de Clerc, telle condition iointe aux actions qui s'en enſui-
uent les anoblit entierement.

C'eſt ce qui auroit meu beaucoup de
nos Rois à leur conceder les preuile-
ges admirables dont ie veux parler cy
apres, & deſquels ſe tire pluſieurs Argu-
mens infaillibles, pour dauantage teſ-
moigner leur nobleſſe.

Celuy qui n'a rien n'a point de proces
dit le prouerbe : mais ie trouue qu'il ne
dit pas la verité, car encore que beaucoup de Clercs ne poſſedent aucunes
maiſons, rentes ny heritages, pour eſtre
la plus grande partie mineurs, & n'a-
yans pas encore la iouiſſance & adminiſtration de leur bien, ils ne laiſſent pas
d'auoir des proces l'vn contre l'autre,
procedans : ſoit de l'exercice es ieux royaux licites & approuuez, ſoit d'aſſi-

stance & prest d'argent, ou de rixes &
dissentions, dont quelquefois les hommes les mieux nez ne sont pas exempts:
mais d'autant que ces petits differends
ne meritent pas des Arrests de la Cour.
Le mesme Roy Philippes le Bel, par
l'aduis de son Parlement, trouua bon
non seulement de partager son Royaume en deux, mais aussi de permettre vn
autre Roy que luy dans son Royaume.
Et de fait, il octroya & conceda aux
Clercs pour la cognoissance & iugemens des differends qui se presenteroiēt
entre eux, la Iustice souueraine & Ro-
yale, qui s'exerceroit sous le nom & auctorité du Roy de la Bazoche, par ses
officiers, qui seroient les plus antiens
Clercs, des Procureurs de son Parlement, qui porteroient nom de Chancelier, maistres des Requestes ordinaires,
Aduocat & Procureur generaux, &
de Communauté grand Referan-
daire & Raporteur en Chancellerie,
grands Audiencier & Aumosnier, Maistres des Requestes extraordinaires,
Tresoriers, Notaires & Secretaires, Aduocats & Capitaines, Greffier & Huis-

Premiere
institution
du Royaume
de la Bazo-
che.

ßers, tous sous la puissance & auctorité
du Roy de la Bazoche, auquel ou a son
Chancelier & Officiers: il auroit con-
ceddé le pouuoir & auctorité de créer
& establir des Preuosts & iurisdictions
Bazechiales és sieges Presidiaux & Royaux, ressortissans en son Parlement de
Paris, & y pouruoir des plus anciens
Clercs pour officiers qui tiendroient
en foy & hommage du Roy de la Bazoche, & desquels les appellations res-
sortiroient pardeuant le mesme Roy de
la Bazoche ou son Chancellier & officiers auquel, comme à tous ses suposts,
il auroit permis de porter la tocque à l'i-
mitation de sa Maiesté, qui en portoit
aux plus belles ceremonies, ce que nos
monarques ont continué iusques à present, ainsi que ses officiers de la chambre des Comptes. Et tout cela fait veoir
le desir que nos antiens Rois ont eu d'a-
noblir les suposts de leur Iustice.

Mais il se trouue encore des marques
de noblesse plus particulieres : car le
sieur Fauchet nous apprend, que les
Clercs ont eu autrefois leur monnoye
particuliere, appellee monnoye de Ba-

Monsieur le
President de
Thou en son
plaidoyé in-
seré en vn
arrest de
1528.

Fauchet.

D ij

zoche, ainſi que Plaute in Pænulo fait
mention, , *auro vel argento Comico*, laquelle monnoye ils faiſoient battre, &
auoit cours dans le Royaume entre les
marchands & Comediens de gré à
gré: ainſi qu'a preſent ſe mettent les pieces eſtrangeres, & ce par permiſſion du
Roy auctoriſee & côfirmee par la Cour.
Ce qui nous eſt aſſeuré par le ſieur de
Miraumont en ſes memoires, lequel dit

dauantage, que ces Iuges ne prennent
point d'eſpices, ny autres droits pour le
iugement des proces. Et d'autant qu'il a
aſſez amplement traitté du Royaume &
Iuſtice Royalle de la Bazoche: Ie paſſeray ſous ſilence toutes les remarques
qu'il en a faittes, pour toucher quelques
principaux points propres à mon ſubiect, qui ſont demeurez au bout de ſa
plume.

Sans la guerre le courage des hommes n'euſt iamais paru, & de ce malheur
en arriue vn bien : car l'homme genereux dans l'occaſion du diſcort, cher-
che à faire paroiſtre ſa valeur, pour acquerir du renom dans le môde, à quoy
il ſemble que la Nobleſſe ſoit deſtinee

des le berceau pluſtoſt que ceux qui ont
pris leur naiſſance d'vn bas lieu: car dãs
toutes les actions des Nobles, on y remarque touſiours quelque teſmoignage
du lieu dõt ils ſont yſſus. Et à leur imita-
tion, il ſẽble que les Clercs ayẽt de tout
tẽps taſché de conformer leurs mœurs
entieremẽt à celles de la Nobleſſe, ſoit en
l'exercice de la Iuſtice où de la guerre, à
quoy ils ont eſté employez pour le ſer-
uice de leurs Monarques, comme n'y
ayant pas beaucoup de difference de
l'vne à l'autre, & dont ils ſe ſont acquitez ſi brauement, que la memoire ne
s'en perdra qu'auec le monde, ainſi que
ie veux faire veoir preſentement.

Froiſſart en ſes Cronicques & An-
nales vniuerſelles, fait mention qu'en
l'annee 1548. ſous le reigne du Roy
Henry ſecõd, la fureur de quelque peuple mutiné en Guienne, Xaintonge,
Angoulmois, Gaſcongne, Bordeaux,
& bref de la plus part des principales
villes de la France, ſous pretexte de
quelques extorſions & droits nouueaux
que les gabelleurs & fermiers du ſel
leur auoient impoſez, fit que le Roy au

Froiſſart
annee 1548.

retour des païs de Bourgongne, Bresse, Sauoye & Piedmont, (d'ou il venoit de faire vne promenade) s'enferma dans sa ville de Paris, & par l'aduis de son Conseil, resolut de leuer plusieurs armees pour enuoyer refrener l'audace de ce peuple, & de faict ayant depesché diuerses commissiõs pour leuer des trouppes de gens de guerre, il ne s'en presenta que fort peu, en sorte que le Roy estoit sur les termes de remettre la vengeance de ce peuple à vn autre temps: lors qu'inopinément, voicy six mille ieunes hommes bien faits & de bonne mine, tant Clercs qu'Escoliers, qui viennent offrir leur seruice à sa Maiesté, auec vne apparence de si bonne volonté, que le Roy ne les voulans refuser accepta volontiers l'offre de seruice qu'ils luy faisoyent, auec protestation de recognoistre quelque iour l'affection qu'ils luy tesmoignoient en ceste occasion, & à l'instant depescha le Connestable de Montmorency en Guyenne, conducteur de huict mil homme, sçauoir ces six mille Clercs & Escoliers & deux mille soldats des vieux Regimens. Et

le Duc d'Aumale fut enuoyé en Xaintonge auec quatre mille Lansquenets &
quelque Cauallerie Françoise: mais parce que mon dessein n'est pas de reciter
icy l'Histoire de France, ie ne parleray
seulement que des beaux faits d'armes
que les Clercs executerent hardiment
en ceste belle entreprise.

Le Connestable arriue donc en la
Guyenne, il y trouue quarante mil hô-
mes, embastonnez de toutes sortes d'armes, resolus de le mettre en pieces auec
toute son armee, si leurs trouppes eus-
sent esté conduittes par la prudence
d'vn bon chef de guerre: mais telles
gens n'auoient pas assez de valeur pour
espouuenter le Connestable ny ses
gens. Les Clercs ne pouuans trouuer
de resistance digne de leur courage, ny
de force bastante pour soustenir le choc
de leur effort: ils abordent donc ceste
grande armee, en resolution de mourir
plustost que de quitter le combat, ils se
choquent si rudement, que plus de six
mille ennemis se perdent d'abord, l'es-
copeterie est si violente, les salues de
mousquets si espouuentables, qu'il sem-

bloit que mille tempeftes d'orages & de
vents vouluffent abifmer le monde, le
defir de vaincre anime chacun, ils viennent aux aproches & de là aux mains,
ceux qui auoyent le plus de courage
cherchoient les belles occafions pour
fignales les lauriers de leur gloire, tout
fait iour à ces braues protecteurs de la
Iuftice, ils vollent de bataillon en bataillon, fautent de bande en bande pour
chamailler au fon des trompettes & tã-
bours, bref en fix heures de combat,
toute cette grande armee de muttins eft
diffippee & mife en routte, & en fuitte
de ce braue exploit, le Conneftable ioi-
gnant l'armee du Duc d'Aumalle, entre
dans Bordeaux, defarme le peuple, &
par la force de fes armes, pacifie tous les
païs qui s'eftoient foufleuez contre leur
Prince, puis s'en reuient à Paris, où les
Clercs font licentiez & rèuoyez à l'ad-
miniftration de la Iuftice, dont le grãd
cours auoit efté difcontinué pendant la
guerre, mais ce ne fut pas fans recom-
pence, & le Roy eftoit trop iufte & ma-
gnifique, pour ne recognoiftre le ferui-
ce que les Clercs luy auoient faict, n'a-
yant

yant pas mis en oubly la promesse qu'il
leur auoit faitte, car ayant mandé les
principaux d'entre eux auec les principaux Escoliers de l'Vniuersité, apres
leur auoir plusieurs fois demandé ce
qu'ils desiroient de luy, pour rémune-
ration du signalé seruice qu'ils luy a-
uoient rendu. L'honnesteté leur fer-
mant la bouche, nul ne voulut iamais
l'ouurir pour demander aucune chose.
Ce que voyant le Roy, par deliberation
de son Conseil, il leur fait present d'vn
lieu de promenade, contenant cent ar-
pés de pré, en vne piece appellee la pre-
rie de la Seine, & seize sur le bord de la
riuiere de Seine, qui seroient desormais
appellez le Pré aux Clercs, auec def-
fenses à toutes personnes d'y bastir aucunes maisons à l'aduenir. Et outre ce
leur auroit permis de faire coupper dans
l'vn de ses bois tel arbre qu'ils voudroient choisir en presence du substi-
tud de son Procureur General és eaux
& Forests de France, pour faire la cere-
monie du plan de May, qu'ils ont accoustumé de faire tous les ans le dernier samedy du mois de May au son des

E

tambours, trõpettes & haultbois de sa
Majesté, & pour suruenir aux frais, leur
auroit accordé vne somme du reuenu
de son Royaume par chacun an, qu'il
auroit pour en faciliter la recepte, assi-
gnee sur les amendes adiugees par les
Arrests de ses Cours de Parlement &
des Aydes. Et outre ce, ordonne qu'il
leur seroit deliuré gratis en la Chancellerie vne lettre du plus haut prix qu'ils
voudroient choisir aussi par chacun an,
ce qui depuis ce temps, & encore au-
iourd'huy à tousiours esté obserué &
entretenu : comme aussi il leur auroit
permis de faire leurs armoiries timbrees
de casque & morion pour marque de
Royauté, ce qui n'estoit & n'est permis
qu'aux Nobles, & dont à l'instant leur
auroit esté expedié lettres de don con-
firmees par Arrest de la Cour de la
mesme annee 1548.

Nicolle Gile.

Si bien qu'apres toutes les marques
de Noblesse, acquises par les Clercs,
auec tant de trauail & de labeur, se seroit doubter de ce que nos yeux voyent
clairement, que de dire, qu'ils ne seroiẽt
pas nobles. Premierement, on leur en

void faire toutes les actions, leur iustice est qualifiee Royaume, leur Chef,
Roy, ses officiers, Chãcellier, maistres
des Requestes, Aduocat & Procureur
Generaux, grands Referendaire & Au-
dienciers procureur de Communaulté
& grand Aumosnier, Capitaines & autres, permission de battre monnoye, priuileges d'armes, & de couppe de bois.
Et apres tout cela, leurs valeureuses
actions que leur ont acquis vn renom
qui ne perira iamais: tellement que l'on
peut dire veritablement tous les Clercs
Nobles.

Mais encore que toutes ses preuues
soient les plus grands indices que l'on
puisse tirer des tesmoignages de Noblesse, si est-ce que sans la pieté vn homme ne peut estre Noble parfait. Ce que
le Reuerend Pere Caussi à fort bien re- *Le Pere*
Coßin li. 1.
marqué au premier tome de sa Cour *Philon Iuif.*
Sainte, seconde raison tiree de la Noblesse, ou il dit auec Philon Iuif, en son
traitté touchãt les Nobles, que ceux qui
attachët leur Noblesse a la chair, au sãg,
à quelques vieilles masures, à quelques
tõbeaux à leurs qualitez, à leurs riches-

ses, ou a quelques priuileges particuliers
que les Rois leurs ont côcedez, sont in-
dignes de porter ce beau titre de Nobles
puisque le plus haut & le plus solide hô-
neur que l'on sçauroit iamais pretendre,
est de mettre les vices soubs les pieds &
les vertus sur la teste, la Noblesse n'ayāt
point de meilleur caractere que celui de
la Saincteté, qui leur donne vn libre ac-
cez aupres de celuy qui depart les vertus aux hommes, & leur ouure le che-
min pour les acquerir.

Ce que les Clercs recognoissans fort
bien, & que tous les beaux characteres
qu'ils portent grauez sur le frontispice
de leur qualité & de leurs actions, ne les
pouuoient anoblir entierement, s'ils
n'acquerroient par quelques œuures
sainctes, le renom que la deuotion & la
pieté attribue aux hommes vertueux.
Pour donc paruenir au supreme degré
de la perfection noble, & touchez d'vn
zele tel que Grenade le souhaite à la Noblesse, auroient par l'aduis des plus antiens & principaux officiers de la Bazoche, & mesme de leurs deniers acquis
en l'Eglise des Cordeliers de cette ville

de Paris vne chappelle en laquelle ils auroient fondé à perpetuité tous les Dimanches & Festes, tant de nostre Dame que autres Sainéts & Sainétes, specifiez par les côtraéts, vne Messe basse & quatre hautes, à quatre festes solemnelles.

Tellement que ne restant que ce seul poinét, qui pouuoit obscurcir le lustre que l'esclat de leur reputation c'est acquis, ils s'en sont acquitez si dignement, qu'il n'y a personne qui ayant leu ce que ie viens de dire, n'aduouë auec moy, que quand les Clercs viendront à faillir il restera fort peu d'hommes vertueux au monde.

Au surplus les Clercs sont tellement necessaires dans vn' Estat, que sans eux la Iustice seroit sans supposts, les deux principaux points de leur science, quoy que communs, se monstrent toutesfois aux Rois, Princes & Seigneurs: & il se trouuera que les plus qualifiez personnages de la France portent le tiltre de Clerc, dont ils s'estiment honorez: & si ie les voulois nombrer il s'en trouueroit plus d'vn tiers du Royaume, mais i'en

Par Côtrats passez par-auant Perlin & le Roy Notaires les 17. Iuillet & 29 Nouemb. 1628.

laisse le iugement à ceux qui ont la cognoissance de ces Augustes Senateurs
des Parlemens de France & des Cham-
bres des Comptes.

Voyla donc tout ce que i'ay peu re-
marquer de l'excellence, Antiquité &
Noblesse des Clercs, depuis que le mot
est en vsage dans le monde, & mesme
des auparauãt. Si quelqu'vn trouue que
ie n'aye pas bien rencontré à sa fantasie,
il me fera vne faueur extreme de faire
mieux: mais qu'il considere que ce n'a
point esté la vanité qui me l'a fait entre-
prendre, y ayant long temps que i'ay
appris ce precepte de S. Louis, qui disoit
à son fils: que celuy qui vouloit tirer vanité de ses actions, debuoit faire en sorte
qu'il n'y eust riẽ à redire en ces œuures.
Or ce discours estant imparfaict, des su-
ptiles pointes & paroles bien arrengees
des beaux esprits du temps, i'en quitte-
ray la gloire à celuy qui fera mieux, si
l'on pretẽd que ie l'aye fait à ce dessein.

F I N.

Laus E' Labore grato.

STATVTS ET ORdonnances du Royaume de la Bazoche, faittes, reformees & accordees par la Cour, aux suppots d'iceluy en l'annee 1586. en procedant sur les Requestes presentees tant par le Procureur de Communauté que lesdits suppots, monsieur Iacob Chancelier Regnant.

CHAP. PREMIER.

Des Iuges du Royaume & de leurs charges.

PREMIEREMENT, que pour maintenir & entretenir en vnion le corps de ladicte Bazoche & administrer la Iustice aux supposts, y aura ainsi qu'il a esté de tout temps accoustumé, selon les priuileges octroyez audit Royaume par les Rois de France. Confirmez par

Prem. art.

infinis Arrests de la Cour de Parlement,
vn Chancelier, auec les maiſtres des Requeſtes ordinaires, vn Refferendaire,
vn grand Audiencier, qui ſeroit maiſtre
des Requeſtes extraordinaires, vn Procureur general, & vn Aduocat du Roy,
vn Procureur de Communauté, quatre
treſoriers, vn Greffier, quatre Notaires & Secretaires, vn premier Huiſſier,
& huit autres Huiſſiers, auec vn Aumoſnier, qui ſera homme d'Egliſe, ſans
eſtre tenu d'aucuns droits & debuoirs:
aura voix deliberatifue, & ſeance apres
les maiſtres des Requeſtes extraordinaires, & tenu d'aſſiſter à tous actes Bazochiaux.

II.　　Que deſdits officiers, ſeulement, Meſſieurs les Chanceliers, maiſtres des Requeſtes ordinaires, grand Referendaire, & grand Audiencier, procederont
au iugement des cauſes & n'y ſeront ad-
mis ny receus les autres officiers dudit
Royaume, à la charge que leſdits Referendaire & grand Audiencier n'auront que la voix deliberatiue & la ſeance ſeulement apres leſdits Meſſieurs des
Requeſtes ordinaires, à la charge que
tous

tous lesdits grand Referendaire & Audiencier & lesquels grand Referendaire & Audiencier se pourrõt exempter d'estre Tresoriers deux ans apres le iour de leur reception.

III. Que lesdits Chancelier, vis-chancelier, ou plus antié maistre des Requestes ordinaires, ne pourront asseoir ou donner aucun iugement, s'ils ne sont assistez de sept M^{es}. des Requestes qui seront appellez à la diligence des quatre Tresoriers.

IV. Que les plaidoiries se tiendront à huis ouuert par chacune sepmaine deux fois, à sçauoir Mercredy & Samedy sur les vnze heures du matin, ausquelles ensemble aux extraordinaires, serõt lesdits maistres des Requestes, grand Audiencier, grãd Referẽdaire, & autres officiers du corps, tenus de leur y trouuer auec leurs bonnets dessẽs à peine de l'amẽde, à la discretiõ de la Cour, & confiscation de leurs chapeaux applicables à œuures pitoyables ou autrement, ainsi que la Cour aduisera & verra d'estre à faire, s'il n'y a excuse legitime, dont la Cour sera certifiee.

F

CHAP. SECOND.

De la charge des Procureur General, Aduocat du Roy, & Procureur de Communauté audit Royaume.

I. LE Procureur General, Aduocat du Roy, & Procureur de Communauté dudit Royaume tiendront la main, que les presentes Ordonnances, Reglemens & statuts, soient estroittement gardees & obseruees, & qu'il ne se deffaille aucune chose du contenu en icelles, concernants les droits dudit Royaume & exercice de la Iustice.

Sera le Procureur de Communauté tenu d'assister à toutes les plaidoiries ordinaires & extraordinaires, & és assemblees qui se feront pour empescher que rien ne se face au preiudice d'icelle Communauté.

II. Que tous les tiltres, statuts & ordonnances dudit Royaume demeure-

ront au Greffe, pour y auoir recours,
defquelles le Greffier fe chargera par inuentaire, duquel il baillera vn double
figné de luy, tant au Procureur General
que Communauté: & aduenant vacation de fon eftat de Greffier, le remettra
entre les mains de fon fucceffeur Greffier, felon l'inuentaire, & ne fera le Greffier receu en l'eftat par refignation, que
preallablement il ne foit faifi des regiftres du greffe, que fon predeceffeur fera tenu reprefenter en iugement, afin
que celuy qui entrera en fon lieu en foit
chargé, & à cét effet, y aura vn coffre
auquel feront mis & depofez lefdits regiftres, arrefts & chartres dudit Royaume, pour y auoir recours quand befoin
fera, auquel y aura deux clefs, l'vne és
mains du Chancelier, l'autre du Greffier.

IV. Ne pourront lefdits Aduocat &
Procureur du Roy, prendre aucun fa-
laire pour la vifitation des proces, charges & informations qui leur feront cõ-
muniquees, ne conclufions, foient ciui-
les ou criminelles, interlocutoires ou
diffinitiues: Comme auffi ne pourra le

Procureur de Communauté prendre
aucun salaire, au cas qu'il fut ordonné
par ladite Cour, qu'il auroit communi-
cation d'aucun proces.

CHAP. TROIS.

De la charge de Greffier, & des Notaires & Secretaires.

I. SEra le Greffier du Royaume tenu
faire regiſtre des Arreſts qui ſeront
donnez par la Cour, duquel il fera ap-
paroir de trois iours en trois iours, à
peine de priuation de ſon eſtat.

II. Et ou ledit Greffier ne ſe pourra
trouuer ordinairement auſdites plaidoiries pour excuſe legitime, il ſera tenu d'en aduertir l'vn des quatre Notaires & Secretaires, qui aſſiſtera en ſon
lieu pour l'exercice de ſa charge, lequel
ſera tenu rendre leſdites expeditions audit greffier.

III. Auſſi feront les dictums ſignez
auec la nomination des Iuges qui y au-

ront assisté: sera ledit Greffier tenu de
les prononcer quand requis sera, sans
attendre payement d'espices desdits arrests, & sans pour ce prendre aucun salaire.

iv. Prendra ledit Greffier pour les expeditions & sallaires, sçauoir est pour
tous arrests, appointements & autres
expeditions qu'il sera tenu deliurer en
papier ou en parchemin. Que les Aduocats seront tenus les bailler faits &
dressez, en ce non compris les Arrests
portans executions, desquels il se fera
payer à raison de xij. sol parisis pour
peau,ne prendra aucun salaire des officiers dudit Royaume.

v. Seront aussi les Notaires & Secretaires tenus signer les lettres d'Estat des
officiers dudit Royaume, sans pour ce
prendre aucune chose d'eux, comme
aussi ne pourront les grands Referendaire & Audiencier, prendre aucune
chose pour le raport & audience desdi-
tes lettres.

vi. Sera le Greffier, sortant de sa charge, Tenu, huictaine apres sa dimission,
mettre és mains de l'vn des Notaires &

Secretaires dudit Royaume, qui sera nommé par la Cour, tous & chacuns les regiftres qu'il aura faits de son téps, & tous autres qu'il aura en sa posses-sion concernant son greffe, & le fait ou iuftice dudit Royaume, pour les remet-tre & bailler à son successeur greffier, qui sera pourueu dudit estat, lequel s'en chargera sur l'inuentaire : le tout en la prefence desdits Aduocats & Procureur general & de communauté.

CHAP. QVATRE;

Des Huissiers.

1. LE premier Huissier sera tenu assi-fter aux plaidoiries ordinaires auec son mortier, appeller toutes les causes qui luy seront baillees, & les au-tres huissiers en habit décent, auec le bonnet & leurs verges, appelleront Ad-uocats aux Arrests, & à faire faire silen-ce, & pareillement accompagner ledit Chancelier & Conseil de ladite Bazo-che, & à tous autres actes & endroits qui leur seront commandez, à peine de

huict sols parisis d'amende pour la premiere fois, & double pour la seconde, & pour la tierce la priuation de son estat s'il y eschet.

11. Ne prendront lesdits Huissiers plus grand salaire à peine de suspension & priuation, que xvj. deniers parisis pour chacun exploit, portant l'assignation faitte dedans le Palais, & hors le Palais comme ville & faux-bourgs, de trois sols parisis, & pour vne execution & vente actuellement faitte six sol tourn.

111. Pourront lesdits Huissiers, en vertu des simples extraits, des Arrests & iugemens dudit royaume, procedder par toutes voyes d'execution: pourueu que ce soit dans l'enclos du Palais seulement.

1v. Serons lesdits Huissiers tenus mettre à execution lesdits arrests qui leur seront baillez dans trois iours ou plustoft apres qu'ils en auront esté requis, selon l'exigence des cas, & les rédre aux parties, auec les exploits dedans ledit temps à peine de x. sols parisis, & de payer ce dont il seroit question, & tenus faire residence chez les messieurs Pro-

cureurs, autrement ne iouïront de leurs
estats.

VI. Obeiront pareillement lesdits Huissiers à toutes les inionctions & com-
mandemens qui leur seront faits par la
Cour, ledit sieur Chancelier Procureur
general l'Aduocat du Roy Procureur de
Communauté ou Tresoriers dudit Royaume.

CHAP. CINQVIESME.

Des Tresoriers.

I. FEront les Tresoriers diligence de
faire assembler le Conseil aux
iours ordinaires & extraordinaires auec
l'antien conseil pour la seance de la
Cour quand besoin sera, selon que les
affaires se presenteront & le requeront,
fourniront lesdits iours de flambeaux à
leurs despens.

II. Receueront les Tresoriers les becs
iaulnes & bien-venües accoustumees,
pris sur tous les Clercs indifferemment
entrant au Palais, qui sont d'vn teston
de Roy, & quand au nobles & Gentils-
hommes

hommes de deux teſtons, auec les amã-
des qui ſont donnees, tant par la Cour
de Parlement , Cour des Aydes,
qu'autres Iuſtices & iuriſdictions du
Palais , & pareillement les amendes
adiugees par la Iuſtice du Royaume.
iii. Feront d'oreſnauant leſdits Treſoriers leurs droits & debuoirs deubs &
accouſtumez par chacun an, le premier
Ieüdy d'apres le iour & feſte des Rois,
où ils ſeront tenus appeller les officiers
dudit Royaume, aſſauoir les Chancelier , Vis-chancelier, maiſtres des Requeſtes ordinaires, grand Referendaire, grands Audiencier, Aumoſnier, Procureur general du Roy , Aduocat du
Roy, Procureur de Communauté, quá-
tre Notaires & Secretaires, Greffier,
premier Huiſſier, les antiens Aduöcats
& Procureur de Communauté de Parlement , iuſques à tel nombre qu'il ſera
aduiſé, dont le billet ſera arreſté par le
Conſeil : enſemble de ce qui debura
eſtre ordonné pour iceluy, afin qu'il
n'y aye ſuperfluité, & ſeront tenus ledit
iour bailler & payer les gaiges des officiers de gens & hurees, à la maniere ac-

couftumee dont ils requerront acte.

IV. Seront tenus par chacun an lefdits Treforiers faire marquer vne houppe à mettre fur le grand may du Palais, en la prefence du Chancelier, Procureur general, Aduocat du Roy, Procureur de Communauté & Collonel , & faire abattre & replanter iceluy may par chacune defdites annees, en la maniere accouftumee, le dernier Samedy du mois de May, y feront mettre & attacher ladite houppe auec deux grandes armoiries , le tout accouftré de lierre, deux douzaines de petites , & vne grande pour porter deuant ledit may, faire affembler le Confeil, & payer le defieuner accouftumé , tant à iceluy qu'aux Capitaines & fuppofts affiftans , ledit may replanté, fera fait le cry accouftumé, & ledit iour feront tenus lefdits Treforiers bailler gans & liurees , affauoit aux Chancellier, Vis-chancellier, gens du Roy, Procureur de Communauté, maiftres des Requeftes ordinaires & extraordinaires , quatre Treforiers Modernes, Notaires & Secretaires, Greffier, & premier Huiffier, & aux

Cappitaines & fuppofts conduifans ledit May des liurees feulement, dequoy
le foir dudit iour à l'affemblee du Confeil ils requerront acte.

vi. Pour la conduite duquel May, fera
par chacun an au mois de Mars proceddé à l'eflection de douze Cappitaines
des fuppofts, faifans charge au Palais,
prefentez par les quatre Treforiers, qui
feront contraints d'accepter la charge,
& faire fonner les tambours & trompettes pendant le mois de May, à cinq
heures du foir aux iours de Lundy, Ieu-
dy & Samedy, & à la conduitte d'icelui
may à cinq heures du foir, & faire donner les aubades & reueils accouftumez,
affauoir à Meffieurs les premier & fe-
cond Prefident de la grand Chambre,
Procureur general du Roy, Chancelier,
Procureurs de Communauté du Parlement, & à leurs maiftres fi bon leur fem-
ble, le tout à leurs frais & defpens: lefquels entre eux feront eflection d'vn
Colonnel, Lieutenant, Enfeigne & de-
partements des rents, par l'aduis du
Chancelier, Procureurs du Roy & de
Communauté, & lequel Colonnel fera

tenu d'vn quart de tous les frais, & les
frais des trois autres quarts, & ce qui sera arresté par l'aduis susdit de ce que les
Lieutenant & Enseigne suppleeront,
viendra au suport des frais communs,
lesquels Capitaines seront tenus bailler
& presenter memoires & pourtraits au
conseil d'eux & leurs compagnies, pour
deliberer quels habits ils auront, & lesdits supposts debueront porter, selon la
commodité & necessité du temps: & en
consideration de ce, seront lesdits cap-
pitaux exempts d'estre Tresoriers deux
ans, à compter du iour dudit plan de
May, tant pour le passé que pour l'aduenir, lesquels d'oresnauant, auec les
antiens Aduocats, seront preferez aux
estats & dignitez Bazochialles, aduenant vacation selon, leurs antiquitez, &
à la nomination du conseil.

VI. A laquelle conduitte du may, se-
rót tenus tous les supposts, faisans charge d'assister à peine d'vn escu d'amende, à la discretion de la Cour.

VII. Et afin que la loge destinee au
corps dudit Royaume, à la priere du
Prince des Sauls en l'Hostel de Bour-

gongne ne se deperisse, seront lesdits
Tresoriers tenus faire assēbler le corps
& la iustice dudit Royaume par chacun an le iour de Caresme prenāt, pour
faire plaid er la cause au Palais en toute
modestie: pour ce fait se transporter audit Hostel de Bourgógne, heure d'vne
heure de releuee, y faire la collation ac-
coustumee, & fournir de tapisserie &
d'armoiries accoustumees de lierre, as-
sauoir vne grande & deux petites: & seront tenus lesdits Tresoriers à l'issue de
la plaidoirie dudit iour faire vn simple
debuoir ausdits officiers du corps, assa-
uoir, Chancelier, Vis chancelier, maistres des Requestes ordinaires & extraordinaires, gens du Roy, Procureur de
Communauté, quatre Notaire & Secretaires, Greffier, & premier Huissier,
sans estre abstraints d'y appeller d'autres, & en ce faisant bailler gans & liurees audit Chancelier, & au conseil
des gans seulement, dequoy ils requerront pareillement acte comme deuant.

CHAP. SIXIESME.

Concernant la reception des Officiers.

1. SERA par chacun an dans le mois de Nouëbre proceddé à l'electiõ d'vn Chancellier dudit Royaume, selon la pluralité des voix, des supposts dudit Royaume faisant charge au Palais, & à ceste fin seront mis en vn billet quatre des plus antiens soient des maistres des Requestes ordinaires, Aduocat, Procureur du Roy, & Procureur de Communauté, selon la quantité de leur reception, lequel billet sera presenté au Conseil par les quatre Tresoriers, & pour receuoir & recueillir les voix desdits supposts, seront commis par la Cour, deux maistres des Requestes, tels qu'elle aduisera, ayant par eux & chacun d'eux prealablement fait leurs debuoirs, & droits, & sera le Chancelier te-

nu payer ſes droits & deuoirs le iour de reception des ſceaux.

II. Ladite eſlection faitte & le ſerment ſolemnellement preſté par le Chancelier eſleu le Vis chãcelier, ſera tenu mettre és mains du nouueau Chancelier ſes ſceaux dedans la quinzaine apres & ſuiuante, és preſences des maiſtres des Requeſtes, gens du Roy & de Communauté.

III. Les quatre Treſoriers, apres leurs charges expirees, ſeront receus Conſeillers & maiſtres des Requeſtes ordinaires audit Royaume en la maniere accouſtumee, pourueus qu'ils ſe ſoient acquittez de leurs droits & debuoirs, & rendre compte de l'adminiſtration de leurs comptes, pardeuant le Chancelier deux des plus antiens maiſtres des Requeſtes, Procureur general & de Communauté.

IV. Aduenant la vacation de Procureur de Communauté, ſera proceddé à l'eſlection d'vn autre, par la pluralité des voix, des ſuppoſts dudit Royaume, faiſans principalle charge ſur la nomination que le Cõſeil fera de deux

maiſtres des Requeſtes, & deux des antiens Capitaines ou Aduocats.

v.   Et aduenant la vacation de l'eſtat de
l'Aduocat & Procureur du Roy ſera
pourueu par le Conſeil ſur la requeſte
qui en ſera faitte par le Procureur de
Communauté ou Treſoriers dudit Royaume.

vi.   Quand les offices de greffier, premier Huiſſier, enſemble des quatre Notaires & Secretaires feront vacãs, pourra le Chancelier, de ſa puiſſance, pour-
ueoir de telles perſonnes qu'il verra le
meriter ſans autre forme d'eſlection.

vii.   Seront pareillement tous les autres officiers dudit Royaume, fors les
maiſtres des Requeſtes ordinaires, Procureur general, Aduocat du Roy, &
Procureur de Communauté, & Treſoriers tenus de prendre du Chancelier
lettres de prouiſion de leurs Eſtats, auſ-
quels ils auront eſté eſleus, ſans que ledit Chancelier puiſſe prendre d'eux aucuns deniers pour l'eſmolument du
ſceau.

viii. Par la prouiſion des quatre Treſoriers, ſera par le Procureur de la Cõ-
munauté

munauté defdits fuppofts & des quatre
modernes nommez au Confeil apres
la fainct Martin d'hiuer, nommez douze antiens Clercs, faifans charge au Palais, defquels douze, ledit Confeil eflira
quatre, lefquels quatre nommez, feront
contraints de comparoir en iugement,
& prefter le ferment s'ils n'ont excufe
pertinente, laquelle ils feront tenus pro-
pofer fur le champ.

IX. Seront les quatre Notaires & Secretaires exempts d'eftre faits Treforiers
par l'efpace de deux ans à compter du
iour de leur reception aufdits Eftats, &
lefdits deux ans paffez, ils ne pourront
eftre exempts d'accepter ladite charge
de Treforier comme les autres fuppofts
en cas d'efleétion & nomination.

CHAP. SEPTIESME.

Des Aduocats.

1. TOus les Aduocats receus, & qui
feront cy apres receus audit Royaume, feront tenus d'affifter aux plaidoiries, tant ordinaires qu'extraordinai-

rés en habits decents, à peine de confiſ-
cation de chappeaux comme dit eſt.

11. Seront leſdits Aduocats , aſſauoir
ceux ia receus enrollez & immatriculez
au regiſtre du Greffe, ſelon l'ordre de
leur reception audit ſerment, & ce afin
qu'en cas d'aſſēblee generalle ou publique, l'ordre & preferance ſuſdite ſoit
obſeruee, ſuiuant ladite matriculle &
Cathalogue.

CHAP. HVICTIESME.

SEront tenus le Chancellier & maiſtres des Requeſtes, gens du Roy &
Procureur de Communauté, Greffier,
quatre Notaires & Secretaires, & premier Huiſſier dudit Royaume, faire
leurs droits & debuoirs accouſtumez,
dedans quinzaine apres la reception,
ſans autre interpellation, & à faute de ce
ſera pourueu d'autre en leur lieu, & n'y
ſeront abſtraints les maiſtres des Requeſtes ordinaires, en conſideration de
leur charge de Treſorier.

11. Auſſi ſeront tenus les Aduocats faire leurs droits & deuoirs accouſtumez.

III. Seront tenus les supposts du Royaume porter honneur & reuerence au
Chancelier, maistres des Requestes, &
autres officiers du Royaume, obeïr aux
Arrests & iugemens de la Cour, prester
confort & ayde pour l'executió d'iceux.
IV. Et à tout le contenu en ces presentes, esté arresté par maniere de proui-
sion seulement: ouy sur ce le Procureur
General du Roy le 28. Iäuier 1586. ainsi signé Iacob, Chancelier I. de Thelis,
Bingart, Chauueau, Martin Geures
maistre des Requestes, de la Roche Paul-
mier, Nauara, Carre, Vis-chancelier,
Vergnette, Courtin, Bonnefoy, de The-
lier & Boulay.

v. Les presentes statuts & ordonnances ont esté leuës, publiees & enregi-
strees, ouy sur ce ledit Procureur general du Roy, & de Communauté, & à la
Cour enioint aux suppofts de ce Royaume, de les guarder & obseruer sur les
peines y contenues. Faict le quator-
ziesme iour de Feburier, mil cinq cens
quatre-vingt six, signé Moreau Secre-
taire audit Royaume.

Fin du Statut.

CEs ſtatuts & ordonnáces Royaux, ont touſiours eſté Religieuſement, inuiolablemēt, & eſtroittement gardees & obſeruees iuſques à preſent, par les Officiers & ſuppoſts du Royaume de la Bazoche, & lors que quelques Iuges, par entrepriſe de iuriſdiction, ont voulu cognoiſtre des differends des iuſticiers dudit Roy de la Bazoche. La Cour leur en a touſiours deffendu la cognoiſſance, par vne infinité de ſes Arreſts, dont i'en raporteray ſeulement icy huict (pour ne pas ennuyer le lecteur) rendus, tant en la grand Chambre, qu'en celle de la Tournelle, ſoit en l'audience ou ſur proces par eſcrit és annees.1528. 1545. 1604. 1611. 1621. 1627. 1628. & 1630. où ſe remarque qu'alors que le Preuoſt de Paris, ſes Lieutenans, Auditeurs du Chaſtelet, Bailly du Palais, official de Paris, Preuoſts Bazochiaux, ou autres, ont pretendu les Clercs du Palais, leurs iuſticiables. La Cour a touſiours renuoyé la cognoiſſance des differends pardeuant edit Roy de la Bazoche ou ſes officiers, auec deffences auſdits Iuges d'en plus cognoiſtre à l'aduenir.

14.Iuillet.
3.Auril.
27.Mars.
8.Feburier.
2:.Ianuier.
11.May.
7.Aouſt.

Comme aussi, lors qu'il s'est meu quelque contestation entre les officiers de la Bazoche pour leur reception, aux charges vaccantes, la Cour les a perpetuellement maintenus, dans l'execution de leurs Ordonnances, & conformement au susdit statut : comme il se peut veoir par les Arrests cy dessus mentionnez, dont ie ne feray plus long narré, pour ne point abuser de la patience du lecteur, mais seulement i'ay trouué à propos de faire inserer icy l'Arrest qui suit, pour prouuer la magnificence qu'autrefois ont faitte ces genereux supposts de l'Equité, dont nos Rois ont voulu estre tesmoins oculaires.

Extraict des Registres de Parlemẽt.

SVr la Requeste iudiciairement faitte à la Cour par maistre Anthoine Minard Aduocat du Roy, & supposts de la Bazoche, à ce qu'il pleut à ladite Cour, demain & Lvndy prochain, vacquer entierement pour la monstre generalle, qui se doit faire ledit iour de demain, & que le Roy & supposts de la

Bazoche yroient iouer à la faulſaye,
ſuiuant leurs loüables couſtumes, apres
que Cappel pour le Procureur general
du Roy à dit, qu'il auoit eſté aduerty
que le train du Roy de la Bazoche eſtoit
en treſbel & triomphant equipage, &
vouloit le Roy veoir la montre & triõ-
phe dudit Roy de la Bazoche & des ſup
poſts, & ſe trouueroit demain en ceſte
ville pour ceſte cauſe, & parce qu'il y
auoit fort grande compagnie de ſuppoſts, ſeroit bien difficile audit Roy de
la Bazoche, de faire honneſtement ſa
monſtre, s'il n'auoit du temps & inter-
ualle à ſuffiſance. Dauantage il eſtoit
certain que l'aſſemblee ſe feroit en ce Palais pour en partir, & que des demain le
matin y auroit grand bruit & tumulte
en la grande Salle, pour les tambours
& fiffres qui ſonneront, au moyen dequoy, ne pourroit la Cour ſi bien enten-
dre à l'expedition des proces, qui doit
eſtre en tranquilité. Parquoy conſen-
toit, s'il plaiſoit a la Cour, qu'elle vac-
quaſt demain entierement. Quant à Lú-
dy, pource que c'eſtoit iour ordinaire
pour l'expedition des roolles ordinai-

res, & qu'il y a plusieurs parties qui sont venues en ceste ville pour ouyr les expeditions, se rapporte à la Cour d'en ordonner, mais sans rien tirer à consequence. La Cour ayant esgard à ladite Requeste faitte de la part dudit Roy & supports de la Bazoche, & ouy le Procureur general du Roy. A ordonné & ordonne, que demain non seulement cessera la plaidoyrie à la Tournelle, mais entierement vacquera ladite Cour & n'y sera pour le iour de demain, & ce sans le tirer à consequence, & ce pour ceste fois seulement: & entant que touche Lundy prochain. A ordonné & ordonne ladite Cour, qu'il sera appellé du roolle ordinaire du matin iusquesà dix heures, & le residu de la iournee, & le lendemain qu'il sera feste pour tout le iour, permis audit Roy & suppofts de la Bazoche, de faire ainsi qu'ils ont accoustumé. Fait en Parlement le 26. de Iuin 1540. Signé par collation.

FIN.

www.ingramcontent.com/pod-product-compliance
Lightning Source LLC
LaVergne TN
LVHW050102060726
842524LV00003B/874